Para:

De:

Direção de arte: Trini Vergara
Programação visual: Solange Scarímbolo
Edição: Lídia Maria Riba
Tradução: Gissela Mate
Revisão: Carolina Caires Coelho e Josias A. Andrade



www.livropresente.com



Rua José Felix de Oliveira, 1205 - CEP 06708-645
Granja Viana - Cotia - SP
Tel./Fax: (55 11) 4612-2866

ISBN: 978-85-7683-140-2

Impresso no Uruguai por Librarii Corporation S.A
Printed in Uruguay

Rubert, Cynthia
Um presente para meu irmão / Cynthia Rubert;
[tradução Gissela Mate]. Cotia, SP:
Vergara & Riba Editoras, 2008.
Título original: Un regalo para mi hermano
ISBN 978-85-7683-140-2
1. Irmãos e irmãs 2. Relações interpessoais
I. Título.

08-03522 CDD-ar868

# Um presente para meu Irmão

Cynthia Rubert

V&R
EDITORAS

# A todos os irmãos

Somente as mulheres que têm um irmão
sabem o que isso significa: enriquecem a vida,
nos revelam os primeiros mistérios do mundo masculino,
nos protegem e se unem a nós de uma maneira muito
especial como não fazem as irmãs nem as amigas.

Pode ser que, em princípio, lhes faltem modos,
que sejam muito diretos, que não tenham a delicadeza
a que nós, mulheres, estamos acostumadas.
Mas com eles é possível uma conexão única que,
com o tempo, passamos a apreciar
e a valorizar mais e mais.
Este livro é para todos os irmãos que existem
no mundo: o carinhoso, o distante, o mais velho,
o mais novo, o sério, o informal, o introvertido,
o único, e esse muito especial, entre todos os outros.
Este livro é para você.

Quem dera todos tivessem um irmão. É incomparável,
necessário, quase imprescindível. Porque uma irmã
é um ser especial, e se você não tem nenhuma,
pode encontrá-la nas amigas. Mas se não tem um irmão...
é difícil encontrar alguém igual.

# Hoje como ontem

Ontem, brincávamos de imitar um ao outro,
ainda que negássemos reconhecer.
Competíamos por nosso amor próprio, pelo carinho
de nossos pais, mas também por reivindicar
nossa pequena guerra dos sexos.
Podíamos manter pequenos conflitos internos,
mas nos transformávamos em uma muralha
quando se tratava de enfrentar o mundo.

Ter um ao outro era algo natural, sem dúvida.
Éramos privilegiados e isso nos fortalecia.
Podíamos compartilhar os filmes de terror
– que não faziam distinção de gênero –
e as fantasias sobre a vida.
Você era minha melhor metade. Eu falava de você,
com esse orgulho que o fazia sempre mais forte
e sábio comparado aos irmãos de minhas amigas.
Você era o melhor de todos porque era o meu.

*Nós dois; apenas um.*

Hoje o tempo passou.
Os meninos de ontem ingressaram na vida com sua bagagem de mudança. Você continua sendo meu melhor amigo. O que sempre está presente, que deseja me proteger porque se sente um pouco pai, que demonstra seu carinho incondicional dos primeiros anos, aquele que, se pudesse, evitaria meus tropeços, aquele que sente a obrigação de dar o exemplo e abrir o caminho, sem importar os anos que nos separam, sem que importe quem é mais velho e quem é mais novo.
Sim. Você me enche de orgulho, como ontem, como sempre, quando me chama de "irmã"...

## Um irmão...

É o mais fiel dos guardiões...
capaz de acompanhá-la ao show de seu cantor favorito (aquele que ele jamais escutaria) ou de dar a vida dele para proteger a sua.

Vê em seus olhos o vazio mais profundo e trata de preenchê-lo com barulho. Seu mundo masculino é assim: envolve-a com abraços firmes e com ruído, muito ruído.

É o melhor espectador de seus triunfos e o mais implacável de seus críticos.

É o companheiro ideal para aventuras e desafios.

Conhece melhor que ninguém o ponto do qual você partiu e os obstáculos que teve que passar para chegar onde está.

Vai lhe dar abraços tão fortes
que farão com que seus ossos estalem,
quando achar que você está triste.

## Você e eu...

Tecemos uma teia de amor familiar
com os laços de nosso sangue.

Nos surpreendemos juntos colocando em prática
a sabedoria (e as receitas) de nossa mãe.

Dividimos a inquietação do horizonte sombrio
e o sonho de um novo dia, fazendo um pacto
com a esperança.

# Algumas recordações

Nossa infância foi cheia de pequenas e grandes negociações: a televisão em troca de um pedaço de bolo, fazer a cama do outro por algumas moedas, um abraço em troca de outro.

Para descobrir como funcionava minha boneca falante você a desmontou dos pés à cabeça, antes que eu pudesse brincar com ela. Ficava encantado ao descobrir o funcionamento das coisas.

Houve um dia em que, muito sério, você me perguntou como conquistar uma garota.

Nosso pai nos levava juntos ao cinema e competíamos para ver quem comia mais pipocas. Nunca consegui ganhar de você...

Ciumento, assustava todos os meus pretendentes e eu só o compreendi quando começou a trazer garotas para casa, as quais eu sempre repelia, porque acreditava que nenhuma merecia você.

# Vantagens de ter um irmão

Ele jamais usa sua roupa.

Não rouba sua maquiagem.

Não quer seu perfume emprestado.

Conta os segredos sobre os garotos.

Ajuda-lhe a decifrar os mistérios da tecnologia.

Poupa-lhe da leitura dos cadernos esportivos com sua detalhada e minuciosa análise sobre o assunto.

Cuida de você. Sempre.

Discute com você. Sempre.

Há uma grande desvantagem: sempre come sua sobremesa.

# Inseparáveis

*Quando surgia a pergunta de como seria
meu mundo sem você, ficava sem respostas.
Nunca pude nem quis imaginar como seria.*

O que nos une é um fio imaginário que nos segura e protege. Fio quase imperceptível, mas que se sente mesmo a grande distância. Um irmão é essa mão suave e enérgica que sempre oferece apoio.

É a pessoa que transforma e completa minha visão feminina do mundo, a melhor companhia que ganhei da vida.

Se um dia tivermos que nos separar para continuar nossos caminhos, não importa onde estejamos, sempre levaremos algo um do outro para todos os lados.

À medida que crescemos e recordamos todos os momentos que compartilhamos nesses anos, compreendemos que o sentimento que nos une desde pequenos permanece inalterável.

Não perco a esperança de que um dia você compreenda que o futebol e os esportes não são fundamentais em minha vida. De qualquer modo, nunca esquecerei a final de campeonato que assistimos juntos e na qual você chorou quando seu time foi campeão.

Eu o conheço tão bem que dificilmente consegue me enganar. Só preciso olhar em seus olhos para saber se você está com algum problema sério.

Você possui a qualidade e a facilidade de me fazer rir e de me fazer esquecer a dor.

Sempre me incentivou a conseguir as coisas que eu considerava inalcançáveis. Por isso, é impossível me separar de você, por mais que o tempo, a distância ou as circunstâncias da vida queiram nos testar.

Confio em você.

Desde que me lembro, soube que você jogaria nos grandes campeonatos e que suas habilidades seriam seu melhor aliado, que dos tropeços poderia sair fortalecido e com mais vontade para voltar à corrida, mesmo que estivesse cheia de obstáculos. Porque, como um maratonista, você conta com a resistência e a tenacidade. E mesmo que, por um instante, suas pernas pareçam tremer, continuará correndo em direção a sua meta.

Por mais intensa que seja a corrida em alguns momentos, difícil de suportar, você não é daqueles que nasceram para se lamentar. Sabe que a dor passa, o cansaço termina e tem a íntima certeza de que há algo que nunca desaparecerá: a satisfação por ter tentado.

Confio em você como em ninguém mais.
Tenho plena fé em seu talento
e sei que, com ele, você terá muitos sucessos,
porque é perseverante. Mesmo que
em algum momento sinta que suas lutas
foram em vão, sei que não permitirá
que os problemas o assombrem
e turvem sua visão do futuro.
Tenho a certeza de que em seu espírito
está a determinação para chegar ao topo.
E será um orgulho para mim vê-lo nesse lugar.

# Espelho de memórias

A vida me ensinou que só com você posso contar incondicionalmente, porque ambos sabemos que, para além das tormentas, o nosso laço é eterno. Poucos afetos que nos acompanham ao longo de nossa existência podem ser tão incondicionais, leais e ternos como o que construímos, longe da concorrência e da mesquinhez da alma; aceitamos que, como Yin e Yang, somos de naturezas opostas, apesar de nossos espíritos completarem um ao outro.

Diferentes, mas, no fundo, semelhantes...
Como se fosse um jogo de espelhos, ambos podemos reconhecer algo próprio um no outro.
Talvez seja apenas um trejeito, um gesto imperceptível, macerado no calor da infância, o que aos olhos do mundo nos irmana.

A sua história e a minha são uma. Só você sabe das minhas lembranças mais preciosas e das minhas tristezas mais amargas.
Somente entre mim e você uma fumegante xícara de café pode ser uma emocionante viagem ao passado, em que não podemos deixar de compartilhar aquilo que nos fez sofrer e também nos encheu de felicidade.

Ligadas a você estão todas as minhas memórias: as frias tardes de inverno de chocolate quente e contas por acertar. As noites de insônia nas quais recriávamos nossos sonhos sem parar.
E o cálido amanhecer das primeiras conquistas que hoje precisamos compartilhar um com o outro.

Unidos, mas não iguais. Assim forjamos, com nossa própria linguagem, cheia de olhares cúmplices, esse laço único e peculiar em que não faltam discussões acaloradas em meio a tantas torrentes de afeto. Assim sempre acompanhamos um ao outro no caminho da vida. Equilibrando os seus princípios masculinos de segurança e auto-suficiência herdados geneticamente e meu instinto maternal de superproteção.

Chamá-lo de irmão é dizer às vezes pai
e, para sempre, amigo.

Chamar-me de irmã é dizer amiga incondicional.

# Código entre irmãos

*Criamos*
*nossos tempos e espaços próprios*
*para nos reunirmos, para estarmos juntos.*
*No meu dia-a-dia, sempre haverá*
*um lugar privilegiado para você.*

Compartilhamos as mesmas raízes e isso dá frutos: essa relação profunda na qual nós dois nos comprometemos a ajudar, cuidar e acompanhar acima de tudo e de todos.

Adoro conversar com você, ensinar, aprender, descobrir coisas juntos, mas o que mais me agrada é que nunca precisamos de palavras complicadas ou de grandes explicações. Muitas vezes basta um olhar para nos compreendermos e dialogar.

Quando nos descobrimos nesse gesto, em nossa silenciosa linguagem de cumplicidade, percebemos que nossos olhos falam o mesmo idioma.

*Você é uma presença permanente em minha vida,*
*em meus pensamentos e em meu coração.*
*Se sei que está bem,*
*meu dia se ilumina.*

A maneira com que escutamos um ao outro,
a atenção dedicada... No meu caso, muitas vezes, com minha intuição, pude adivinhar o que lhe acontecia. E você, com sua análise tão profunda e certeira, conseguiu compreender não apenas o que eu dizia, mas exatamente o que eu sentia, precisava e até o que eu temia dizer.

O mais importante desta mensagem está na intenção de dizer o quanto o amo, mais além das palavras, com este cálido abraço que quero lhe dar e que você certamente vai gostar de receber.

Se há algo que caracteriza nossa relação é a alegria, o sorriso. Esta diversão... Quando éramos pequenos, se mostrava em mil e uma travessuras (você sempre era mais ousado que eu, claro), mas à medida que crescemos, ela permaneceu viva por meio de piadas, contos e conversas em que ríamos juntos. Pois ainda sorrimos do mesmo modo; ambos sabemos que um sorriso pode mudar uma situação e trazer mais esperança para enfrentarmos o amanhã.

Você é a ponte que me une à família, à infância,
e que me permite passar das lembranças
ao futuro.
Não há barreiras entre nós porque as superamos.
Demos o melhor de nós mesmos na construção
dessa ponte.
E essa é a melhor parte: o carinho e o respeito
mútuo foi uma conquista, para além do sangue
e da origem comum.
Sinto orgulho em dizer que nos escolhemos,
que você não é um irmão qualquer, mas aquele
a quem sempre esperei e quis ter.

Você é forte; e de sua força ergui a minha.
Fico surpresa ao saber que muitas vezes você
se sentiu fraco ou teve medo e que se inspirou
em mim para continuar firme.
Na verdade, acredito que o verdadeiro e mútuo apoio
que demos um ao outro veio de nosso amor.
Ele nos dá o poder para levantar todas as vezes
que desabamos.

# Gostaria...

Que você tivesse todas as oportunidades
para ser quem quiser ser.

Que pudesse fazer mil e uma viagens
pelo mundo.

Que seu senso de humor não se alterasse
com o passar dos anos.

*Em poucas palavras,*
*desejo que seja um homem feliz.*

Não haverá
distâncias...

Além das diferenças que saltam à vista, e que também nos unem, além do fato de nossos gostos terem sido sempre tão opostos na hora de escolher jogos, comidas ou músicas, sabemos, porque algo em nosso íntimo nos diz, que as distâncias entre nós não permanecem para sempre.
Simplesmente porque não conseguiríamos.
Isso não nos impediu de, algumas vezes, termos interrompido nosso vínculo, que retomamos, mesmo depois de uma dessas brigas épicas travadas de modo tão comum entre irmãos. Mas sei que só com você pude brigar até a morte por um instante
para, no momento seguinte, esquecer tudo.

## *Quando precisar de mim...*

Compreendo que você pense que somos diferentes
e que guarde para si as intimidades,
mas nunca esqueça que sou sua irmã
e que o melhor presente que pode me dar
é permitir acompanhá-lo.
Quando a solidão o invadir ou a tristeza se instalar,
quando o horizonte estiver muito distante,
quando não souber com quem se abrir
sem constrangimentos,
conte comigo, irmão de alma.
Eu sempre estarei ao seu lado,
como sei que você estará ao meu também.

*Apesar de nunca ter dito, com você me sinto protegida, segura e quase invencível.*

Com você posso ser completamente eu.
Voltar ao passado é fácil e agradável.
Descobrir que podemos reconhecer as crianças
que fomos um dia, me comove e me deixa orgulhosa.

Há em cada um de nós o mesmo baú de recordações:
o cheiro de pão tostado das manhãs, o sabor
inigualável da comida preparada pela mãe
ao voltarmos da escola, enquanto decidíamos na sorte
– pois a essa altura os argumentos de nada serviam –
se era a vez das bonecas ou do futebol.

Dizem que escolhemos a família antes de nascer.
Não sei se é verdade, mas, em meu caso,
não poderia ter escolhido um irmão melhor.
Voltaria a escolhê-lo mil vezes mais,
pois não somos irmãos apenas pelo sangue que nos une,
mas pelo amor mútuo, pelo respeito e pela admiração.

Só quero dizer, de coração,
que você sempre será parte de mim.

*Sua opinião é importante!*

Escreva um e-mail para opiniao@livropresente.com
com o título deste livro no "Assunto".